Emotions and Empathy

Érzelmek és empátia

English-Hungarian

Bilingual Children's Picture Dictionary Book

Richard Carlson
Suzanne Carlson

Happiness

I feel happiness playing with new toys that I got for my birthday.

Boldogság

Boldog vagyok, amikor a szülinapomra kapott új játékokkal játszom.

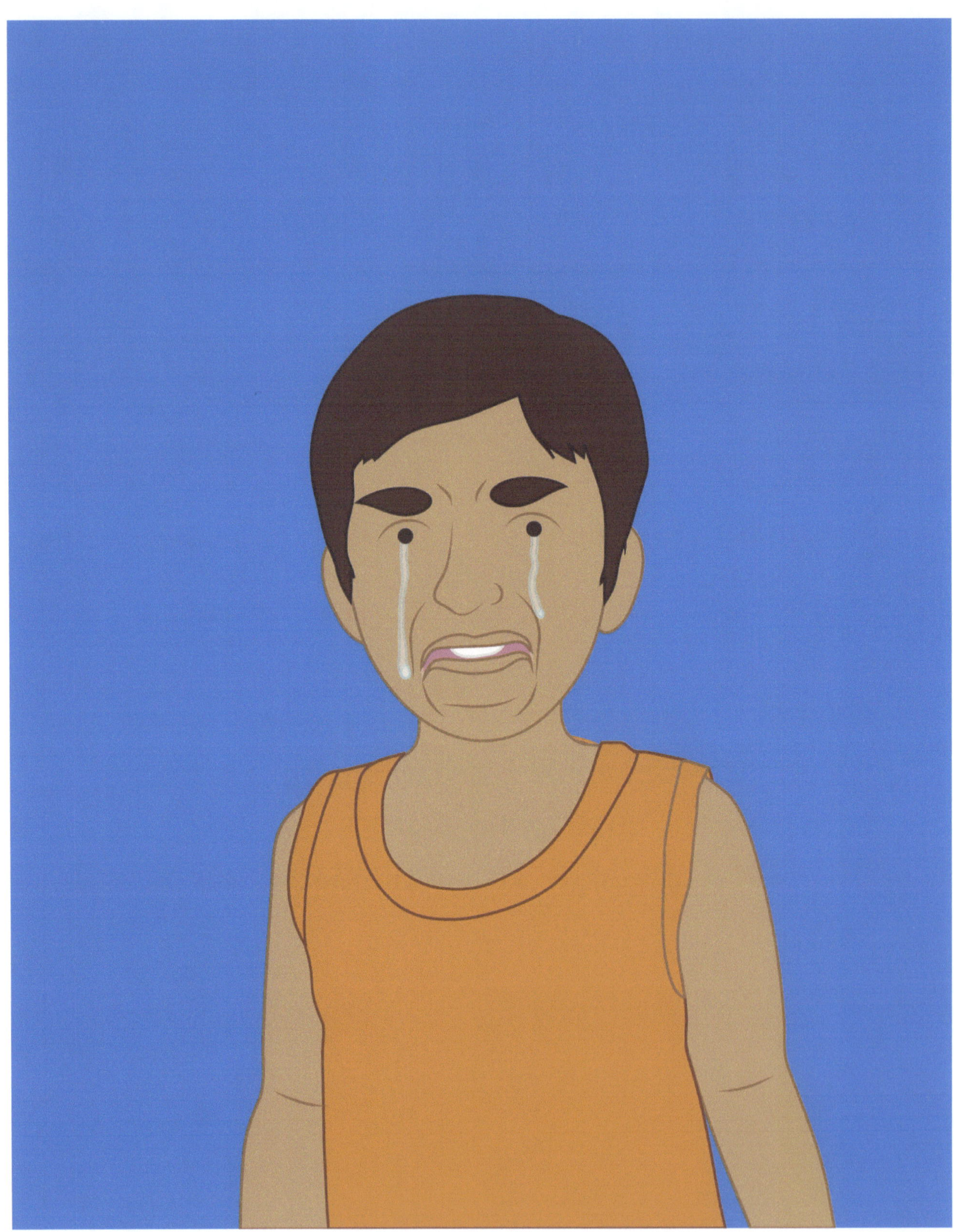

Sadness

I feel sad if I can't go outside to play because of a thunderstorm.

Szomorúság

Szomorú vagyok, ha vihar miatt nem mehetek ki játszani.

Anger

I feel angry when my olde brother breaks one of my toys.

Düh

Dühös vagyok, amikor a bátyám eltöri az egyik játékomat.

Surprise

I am surprised when I get a gift when I least expect it.

Meglepettség

Meglepődöm, ha akkor kapok ajándékot, amikor a
legkevésbé számítok rá.

Fear

I feal fear while watching a very scary movie.

Félelem

Félelmet érzek, amikor egy nagyon ijesztő filmet nézek.

Disgust

I feel disgust when my little brother takes my toys without asking.

Felháborodás

Felháborít, amikor az öcsém kérés nélkül veszi el a játékaimat.

Empathy

When my friend lost her necklace, I also felt sad. I feel empathy.

Empátia

Mikor a barátom elvesztette a nyakláncát, én is szomorú voltam. Együttérzek.

Empathy

I cringed when my mom got her finger stuck in a door. I feel empathy.

Együttérzés

Összerándultam, amikor anyukámnak az ajtó becsípte az ujját. Együttérzek.

Empathy

My sister fell off her bicycle twisting the handlebars. I was sad. I feel empathy.

Együttérzés

A nővérem leesett a biciklijéről, amikor kitekeredett a kormánya. Szomorú voltam. Együttérzek.

Learn about human emotions and feeling empathy in this bilingual children's picture book.

About the Author: Richard Carlson is an author of children's bilingual books. www.richardcarlson.com / www.freebilingualbooks.com

About the Illustrator: Artist, Suzanne Carlson has a spectrum of artistic talents and enjoys creating a wide variety of projects. www.suzannecarlson.com